AF456281

22 mai 1894

VENTE DU MARDI 22 MAI 1894

HOTEL DROUOT, SALLE N° 6

A DEUX HEURES

BEAUX MEUBLES

ANCIENS ET DE STYLE

Bronzes d'art, Porcelaines de Chine
Chambre à coucher Louis XVI, Salle à manger Renaissance
Meubles de fantaisie, Belles Glaces anciennes
Piano de Herz

BIJOUX, TABLEAUX, GRAVURES

TAPISSERIES ANCIENNES

Rideaux, Tapis

EXPOSITION PUBLIQUE

LE LUNDI 21 MAI 1894

DE DEUX HEURES A CINQ HEURES ET DEMIE

COMMISSAIRE-PRISEUR
Mᵉ P. CHEVALLIER
10, rue de la Grange-Batelière, 10

EXPERT
M. B. LASQUIN
12, rue Laffitte, 12

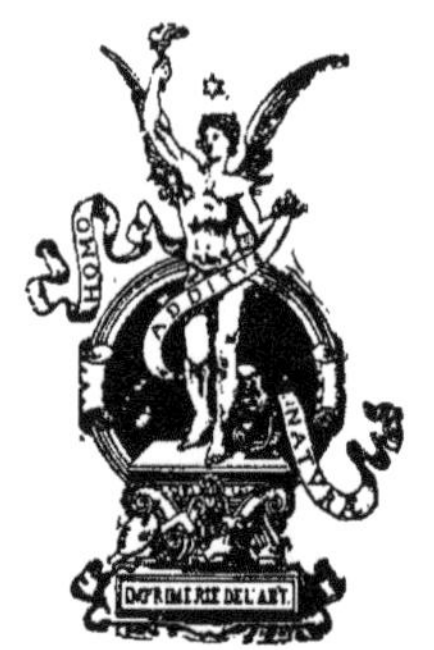
HOMO
ADDITV
NATVRAE
IMPRIMERIE DE L'ART

CATALOGUE

DE

BEAUX MEUBLES

ANCIENS ET DE STYLE RENAISSANCE, LOUIS XV ET LOUIS XVI

Bronzes d'art, Grands Vases en bronze japonais
Candélabres en émail cloisonné, Suspensions, Lustres, Pendules
Belle Chambre à coucher de style Louis XVI
Salle à manger Renaissance, Jolis Sièges
Grande Armoire en noyer sculpté, Vitrine en bronze doré
Meubles de fantaisie, Piano droit de Henri Herz
Belles Glaces Régence, Consoles

PORCELAINES ANCIENNES DE CHINE

Vases, Plats, Assiettes de belle qualité
Porcelaines de Saxe, Faïences anciennes

BIJOUX, OBJETS DE VITRINE ET DIVERS

TAPISSERIES ANCIENNES

AVEC LARGES BORDURES

Rideaux, Tapis en moquette
Tableaux, Aquarelles, Gravures

DONT LA VENTE AURA LIEU

Pour cause de changement de domicile

HOTEL DROUOT, SALLE N° 6
Le Mardi 22 Mai 1894, à deux heures précises

COMMISSAIRE-PRISEUR
Mᵉ PAUL CHEVALLIER
10, rue de la Grange-Batelière, 10

EXPERT
M. B. LASQUIN
12, rue Laffitte, 12

Chez lesquels se trouve le présent Catalogue

EXPOSITION PUBLIQUE

Le Lundi 21 Mai 1894, de deux heures à cinq heures et demie

CONDITIONS DE LA VENTE

La vente sera faite expressément au comptant.

Les Acquéreurs paieront en sus des adjudications *cinq pour cent.*

L'Exposition mettant le public à même de se rendre compte de l'état des objets, il ne sera admis aucune réclamation une fois l'adjudication prononcée.

Paris. — Imp. de l'Art, E. MOREAU et Cie, 41, rue de la Victoire.

DÉSIGNATION DES OBJETS

BIJOUX

1 — Épingle de cravate en or montée d'un brillant.

2 — Bague d'or ornée de roses.

3-4 — Sept bagues d'or montées de pierres fines et de perles.

5 — Broche montée de brillants.

6 — Deux boucles d'oreilles avec perles.

7 — Bouton en or garni d'une perle et de petites roses.

8 — Broche en or, jaspe, rubis et roses.

9 — Croix normande en strass.

10 — Épingle de cravate, oiseau garni de roses.

11 — Bague et épingle en or avec camée et intaille.

12 — Quatre agrafes en argent, l'une avec parties plaquées d'or.

13 — Montre Louis XIV en cuivre finement gravé, à sujet mythologique avec riche mouvement et coq en argent.

14 — Une croix et trois coulants normands en or découpé, garnis de strass.

15 — Un Saint-Esprit et une petite croix normande en or, garnis de pierres, plus une croix en or gravé.

16 — Châtelaine Louis XVI en cuivre doré et gravé et une flèche en argent.

17 — Trois pièces : broche en lave montée en or, une broche en argent estampé, une broche écossaise en cuivre et sardoine.

18 — Deux broches et deux boucles en acier.

19 — Huit pièces : croix émaillée, broches, boutons, dé à coudre, et un lot de boutons en émail.

20 — Petit flacon cassolette écossais en corne argent et topaze.

21 — Deux boucles d'oreilles créoles en or filigrané.

22 — Huit bagues anciennes en or et argent, garnies de pierres de couleur.

23 — Croix normande en argent et opales et un pendentif de même travail.

24 — Deux bouts de table en argent.

25 — Deux salières Empire en argent.

26 — Petite cafetière Louis XVI en argent.

27 — Boîte avec miniature. Époque Louis XVI.

28 — Deux miniatures, par Klinstedt.

29 — Deux cadres en émail et argent doré.

30 — Pendentif Louis XVIII, garni de perles.

PORCELAINES ANCIENNES ET FAIENCES

31 — Trois beaux vases forme balustre en ancienne porcelaine du Japon, décor bleu à quatre compartiments d'arbustes fleuris.

32 — Paire de vases balustres en ancienne porcelaine du Japon, décor bleu, de tiges de fleurs et de motifs arabesques.

33 — Coupe ronde à couvercle en ancienne porcelaine de l'Inde, décorée en émaux de couleurs, de fruits, de fleurs et de papillons. Elle est montée en cassolette de style Louis XVI en bronze doré.

34 — Beau vase-bouteille à trois renflements en ancienne porcelaine de Chine, à décors offrant des dragons, des rosaces et des fleurs arabesques en bleu et blanc. — Haut., 70 cent.

35 — Potiche en ancienne porcelaine de Chine, décorée de figures en émaux de couleurs.

36 — Divers vases en porcelaine de Chine et faïence artistique.

37 — Deux lampes formées de vases en porcelaine de Chine à décor d'arabesques en bleu.

38 — Deux plats ronds en ancienne porcelaine de Chine, décorés en émaux de couleurs de la famille rose; au centre, un rocher, des œillets et des ustensiles; au bord, trois branches de fleurs.

39 — Beau plat rond en ancienne porcelaine de

Chine, décoré en émaux de la famille rose de fleurs, de lotus et de canards sur le fond et sur la bordure.

40 — Plat en vieux Japon gravé sous émail, décoré en couleurs de deux zones de fleurs et d'un disque au centre.

41 — Vingt-huit assiettes en ancienne porcelaine de Chine, riche décor en émaux de la famille rose, à branches d'œillets au centre et huit lambrequins de nuances variées sur la bordure.

42 — Six assiettes en ancienne porcelaine de l'Inde, décorées en émaux de couleurs d'un sujet familier au centre et d'un entrelac de rubans à fleurs sur la bordure avec rehauts d'or.

43 — Six assiettes en vieux Chine, décorées en émaux de la famille rose, d'une corbeille de fleurs au centre et de quatre listels à fleurs sur la bordure.

44 — Six assiettes en vieux Chine, décorées en émaux de couleurs d'un canard, de fleurs et de lambrequins.

45 — Quatorze assiettes en vieux Chine, à décor variés en émaux de couleurs.

46 — Vingt-cinq compotiers en vieux Chine, décorés

de tiges de chrysanthèmes en émaux de la famille rose (avec marque de la provenance du Musée de Dresde).

47 — Trois compotiers en vieux Chine, l'un à figures, deux autres à fleurs.

48 — Vase cylindrique à couvercle en vieux Saxe, décoré de fleurs en camaïeu carmin et de bordures rocaille quadrillées en vert et or.

49 — Cafetière forme conique en vieux Japon, décor bleu à fleurs, avec monture à trois pieds, robinet et gorge en bronze doré.

50 — Quatre tasses et soucoupes en ancienne porcelaine de Saxe, décorées de sujets pastoraux dans le goût de Boucher.

51 — Seize tasses et soucoupes en porcelaine anglaise, décor bleu et or.

52 — Deux plateaux avec douze pots à crème en porcelaine, décor de fleurs en camaïeu carmin.

53 — Trois plateaux, trois tasses en terre genre étrusque, un vide-poche pantoufle en porcelaine.

54 — Trois petites coupes en cristal anglais.

55 — Deux tasses en porcelaine de Capo di Monte.

56 — Cheval en faïence de Delft.

57 — Tasse en vieux Saxe, à décor de style japonais sur fond jaune.

58 — Théière en faïence de Strasbourg.

59 — Boîte en vieux Saxe.

60 — Baril en ancien grès de Flandre, à décor d'oiseaux, rosaces à palmettes en bleu sur fond gris.

61 — Plat rond en faïence de Saint-Clément, décor bleu à écusson au centre et bordure ajourée.

62 — Douze assiettes en faïence de Strasbourg et autres fabriques, de décors variés.

63 — Douze assiettes en ancienne faïence de Nevers, décors variés à fleurs, kiosques, attributs révolutionnaires, etc.

64 — Petit compotier en vieux Rouen, décor polychrome au carquois.

65 — Assiette en vieux Rouen, décor polychrome à la corne et un compotier creux.

66 — Jardinière ovale en verrière et ancienne faïence de Strasbourg.

67 — Deux vases gargoulettes en terre émaillée du Midi.

BRONZES

68 — Statuette en bronze : le Charmeur de serpents, de Bourgeois.

69 — Deux grands brûle-parfums en ancien bronze du Japon, en forme de vases, dont l'orifice simule des fleurs de lotus, supportés par des trépieds à têtes chimériques et trompes d'éléphants.

Ils sont garnis de deux anses chimères et les couvercles sont formés d'un groupe à figure de guerrier combattant un dragon. — Haut., 1 m. 20 cent.

70 — Deux importants candélabres à onze lumières en bronze, style Louis XIV, montés sur des vases balustres en émail cloisonné de Chine, fond turquoise, à décor de fleurs et d'arabesques en couleurs.

71 — Suspension de salle à manger avec lampe et vingt-quatre bras à bougies, en cuivre poli, repercé à jour. Style Renaissance.

72 — Deux appliques à gaz à trois lumières, de même travail.

73 — Suspension d'antichambre avec lampe au gaz et neuf branches porte-bougies en cuivre poli. Style Renaissance, de chez Gagneau.

74 — Deux bras à gaz, de même travail.

75 — Deux lanternes d'antichambre. Style Renaissance, en cuivre poli avec verres de couleurs.

76 — Deux candélabres à sept lumières en bronze, supportés par des figures.

77 — Deux candélabres à six lumières en bronze.

78 — Deux lampes montées en bronze.

79 — Pendule genre Renaissance, en cuivre.

80 — Deux chenets de même style.

81 — Suspension de salle à manger et deux appliques de même style.

82 — Lustre garni de cristaux.

83 — Corbeille de surtout et son plateau à fond de glace, de forme ovale en bronze doré, de style Louis XVI.

84 — Lanterne d'antichambre, genre Louis XVI, en bronze.

85 — Deux chenets Louis XVI, à vases en bronze.

86 — Pendule Empire, en marbre et bronze doré, à quantième et sonnant les quarts.

87 — Statuette de guerrier en bronze, du XVIIe siècle.

88 — Deux lampes en porcelaine montées en bronze et six autres lampes.

89 — Buste de Mme Du Barry, en terre cuite, grandeur nature.

90 — Douze cadres pour photographies.

91 — Deux plats en cuivre repoussé.

MEUBLES ANCIENS ET DE STYLE

92 — Très bel ameublement de chambre à coucher en bois sculpté et laqué à deux tons, à colonnettes et balustres cannelés en spirales, moulures ornées, feuilles de lauriers, rubans et rosaces. Il est composé d'un lit dont les panneaux sont garnis de tapisserie à sujets pastoraux dans le genre de Boucher, un ciel de lit, une armoire à glace à trois corps, ceux des côtés formant chif-

fonniers, une armoire à linge à trois portes vitrées avec tiroirs à coulisse à l'intérieur, un petit bureau avec casier, supporté par huit pieds balustres, un fauteuil bas et deux chaises de même style. (Cet ameublement pourra être divisé.)

93 — Très grande et belle armoire garde-robe de style Renaissance, en noyer sculpté à mascarons et motifs d'ornements. Elle ouvre à trois portes, celle du milieu à coulisse.

94 — Beau lit de milieu de style gothique, en bois de noyer sculpté à ogives et fleurons. Il est accompagné d'un baldaquin de même style.

95 — Bel ameublement de salle à manger en noyer sculpté, de style Renaissance. Il est composé d'un grand buffet, un autre buffet moins grand, une servante, une table et douze chaises.

96 — Piano droit de Henri Herz, en palissandre.

97 — Casier à musique garni d'étoffe.

98 — Commode Louis XIV, à trois rangs de tiroirs en bois de placage, ornée de bronzes, dessus de marbre.

99 — Table Louis XIII, en marqueterie de bois et d'ivoire, à vase de fleurs avec pieds tournés, reliés par un entrejambe en X.

100 — Deux meubles d'entre-deux en marqueterie de cuivre garnis de bronze.

101 — Petite armoire à lettres en bois sculpté.

102 — Table de style Louis XV, en bois de placage et marqueterie ornée de chutes et de sabots en bronze doré.

103-104 — Deux petites tables formant jardinières en bois marqueté, garnies de bronzes.

105 à 107 — Trois colonnes supports en marbre avec chapiteaux en bronze.

108 — Vitrine à hauteur d'appui en bronze doré, dans le goût chinois.

109 — Vitrine de style Louis XV, en bois de placage, ornée de bronzes.

110 — Crédence de style Henri II, en noyer sculpté.

111 — Meuble-étagère en bois de fer avec incrustations de burgau, de travail annamite.

112 — Belle glace du temps de la Régence, avec cadre à fronton à fond de glace, en bois sculpté et doré, à oiseaux, fleurs et rinceaux.

113 — Petite console, forme arrondie, en bois sculpté et doré, à guirlandes de fleurs, style Louis XVI. Dessus de marbre brèche violette.

114 — Glace Louis XVI, à bordure en bois sculpté à rubans, surmontée d'un vase et de branches de feuillage.

115 — Glace Louis XIV, à fronton avec bordure ajourée en bois sculpté et doré du temps de Louis XIV.

116-117 — Deux glaces avec bordure, style Louis XIII. à moulures guillochées en bois noir.

118 — Grande glace avec bordure de peluche et baguette bambou.

119 — Cadre en bois sculpté et doré.

120 — Deux panneaux gothiques, offrant chacun deux figures d'hommes d'armes sous des arceaux à ogives.

121 — Deux fauteuils de style Renaissance, en noyer sculpté, avec bras terminés par des têtes de béliers; ils sont garnis d'ancienne broderie de soie et d'argent à vases et fleurs sur damas rose.

122 — Fauteuil analogue aux précédents, celui-ci garni de drap vert soutaché.

123 — Deux chaises, de style Régence, en bois sculpté et doré, à feuillages et coquilles, garnies de soie brochée.

124 — Quatre chaises, forme Louis XV, en bois doré, garnies de soie brochée de dessins variés.

125 — Tabouret de piano, en bois sculpté et doré, de style Régence, garni de soie brochée.

126 — Deux marquises, de style Régence, en bois sculpté et doré, à dossier bas et à pieds contournés, garnies de soierie à fleurs.

127 — Tabouret à deux accotoirs, forme contournée, genre Louis XV, en bois sculpté, rehaussé de dorure, garni de velours marron à fleurs en soie brochée.

128 — Autre siège à deux accotoirs, de forme Louis XV, en bois sculpté, garni de soierie brochée, fond rose.

129 — Boîte recouverte en tapisserie au petit point. Époque Henri II.

130 — Table gigogne en bois noir incrusté d'ivoire.

131 — Paravent à trois feuilles, en soierie et peluche, avec partie garnie de glaces.

132 — Chevalet garni d'étoffe.

133 — Paravent à huit feuilles, en velours.

134 — Buffet en acajou.

135 — Une glacière.

136 — Toilette-lavabo, avec réservoir à garnitures de marbre.

137 — Table à jeu en acajou.

138 — Toilette à dessus de marbre.

139 — Lit de fer et sommier.

140 — Tabouret en noyer et tapisserie, et tabouret pliant.

TAPISSERIES ANCIENNES, BRODERIES ET ÉTOFFES

141 — Deux grandes portières en tapisserie de Bruxelles, du temps de Louis XIV, représentant deux sujets tirés de l'histoire d'Achille, entourées de larges et riches bordures à cariatides, vases de fleurs et guirlandes de fruits ; dans le haut, un écusson avec inscription.

142 — Tapisserie d'Aubusson, du XVIIe siècle, à sujet de verdure, avec bordure de fleurs.

143 — Deux tapisseries anciennes d'Aubusson, à sujets de paysage.

144 — Belle portière, composée de deux rideaux et

d'un large lambrequin en broderie ancienne à fleurs en soie et argent, appliquée sur satin crème.

145 — Rideaux de salon, en soierie et velours.

146 — Divan oriental et coussins.

147 — Galeries de fenêtres en étoffe brodée.

148 — Tapis en moquette.

TABLEAUX, AQUARELLES, GRAVURES

149 — Quatre portraits d'enfants, du temps de Louis XVI, peints sur toile :

1° Jeune fille en costume rose, assise devant une fenêtre et occupée à broder.

2° Jeune fille en costume bleu, assise près d'une balustrade et faisant un filet.

3° Jeune garçon, debout dans un intérieur et tenant un oiseau.

4° Jeune garçon, debout, tenant un livre ouvert sur une table.

150 — Peinture sur bois, de l'École italienne : la Sainte Famille. Cadre ancien.

151 — Étude pour plafond, par Louis Boulanger : deux Amours tenant un listel.

152 — Marine, par Gudin.

153 — Aquarelle, par Sprenger : Vue de ville.

154-155 — Quatre aquarelles, par Wyld : Vues de Venise et d'Italie.

156 — Sépia, par Ary Scheffer : Jeune fille agenouillée.

157 — Petit tableau, par Barrias : Femme sous bois.

158 — Tableau attribué à Ommeganck : Bestiaux au paturage.

159 — Dix-huit gravures, encadrées et sous verre, d'après Greuze, Meissonier, Ary Scheffer, et photographies.

160 — Petit portrait au pastel. Époque Louis XV.

161 — Aquarelle signée et datée de 1781.

162 — Deux peintures attribuées à Callot.

163 — Un volume : Contes de Perrault, illustrations de Gustave Doré.

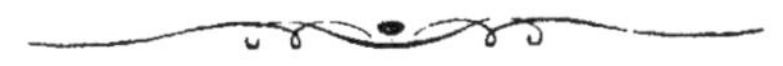

www.ingramcontent.com/pod-product-compliance
Ingram Content Group UK Ltd.
Pitfield, Milton Keynes, MK11 3LW, UK
UKHW022153260726
13993UKWH00005B/2341